Peter Gitzinger · Linus Höke · Roger Schmelzer

Das böse Buch für Lehrer

Peter Gitzinger · Linus Höke · Roger Schmelzer

DAS BÖSE BUCH FÜR

LEHRER

Mit Illustrationen von Ari Plikat

LAPPAN

Wenn man sich in der deutschen Bevölkerung umhört, dann haben Schulen einen umfassenden  BILDUNGSAUFTRAG. *Es geht um Themen wie Rechnen, Rechtschreibung und Grammatik, um die Allgemein- und Herzensbildung und sicher auch um die Vermittlung von Werten. Die Frage, die sich viele Kollegen nun stellen werden, lautet: Bildungsauftrag schön und gut, aber was habe ich als Lehrer* damit zu tun? Unterrichten im 21. Jahrhundert ist schon lange keine Weitergabe von Wissen mehr, es ist der reine* ÜBERLEBENSKAMPF. *Wenn ein Lehrer heutzutage an seine Schule denkt, dann sieht er vor seinem geistigen Auge*

---

* Aus Gründen der Einfachheit ist im Folgenden nur von *Lehrern* und *Pädagogen* die Rede. Damit sind natürlich auch alle weiblichen, bisexuellen, transsexuellen und tierischen Kollegen gemeint (Kommissar Rex unterrichtet seit 2006 an der Polizeischule Datteln Spürhunde im Fach „Drogenkunde").

eine Ansammlung ungepflegter, ungebildeter, schlecht erzogener Charakterzombies, die einem Tag für Tag das Leben zur Hölle machen. Und daneben gibt es ja auch noch die Schüler!

Selbst wenn man im Haifischbecken LEHRERKOLLEGIUM überlebt, warten in den Aquarien außerhalb des Lehrerzimmers zahllose blutrünstige Piranhas, die es nur darauf abgesehen haben, ihren Wärter zu zerfleischen.

Man kann zudem feststellen, dass das heutige SCHULSYSTEM eine durchaus zwiespältige Angelegenheit ist.

Auf der einen Seite gelingt zwar immer mehr Schülern der Sprung aufs Gymnasium, ihre Teilhabe an der schulischen Mitbestimmung steigt kontinuierlich, und auch die Prügelstrafe ist seit einigen Jahrzehnten abgeschafft.

Auf der anderen Seite gibt es aber auch positive Entwicklungen. Das Ansehen der Lehrer in der Bevölkerung ist stark gewachsen, die F E R I E N Z E I T E N *sind bislang nicht verkürzt worden, und der Beamtenstatus bleibt für die meisten Kollegen und Kolleginnen erhalten. Kurzum: Es bleibt genug Freizeit, um zwischendurch mal in aller Ruhe ein gutes* B U C H *zu lesen. Zum Beispiel dieses hier.*

INHALT

SIND SIE EIN GUTER PÄDAGOGE?

Lehrer, so will es die Legende, haben ihren Beruf vor allem aus zwei Gründen gewählt. Erstens: Sie wollten unbedingt verbeamtet werden. Und zweitens: Sie haben sonst nichts Vernünftiges gelernt. Aber es gibt auch wahre Pädagogen, die ihre Berufung zu ihrem Beruf gemacht haben. Zu welcher Sorte Lehrer gehören Sie? Finden Sie es heraus, indem Sie die folgenden Fragen beantworten.

1. Erinnern Sie sich daran, wie Sie zum ersten Mal als Lehrer vor einer Schulklasse standen? Was dachten Sie in diesem Moment?

a Toll! Ich wollte schon immer mit Kindern arbeiten. Mein größter Traum ist Realität geworden.

b Hallo? Ich bin Akademiker! Ich habe doch nicht acht Jahre lang studiert, um mich mit irgendwelchen Rotzgören herumzuplagen!

c Ich hätte jetzt gerne ein leckeres Stück Käsekuchen. Denk daran, was deine Therapeutin dir gesagt hat: Immer, wenn du kurz davor bist, Selbstmord zu begehen, denk einfach an etwas Schönes.

2. Der letzte Schultag vor den Sommerferien ist gerade zu Ende gegangen. Welches Gefühl löst dies bei Ihnen aus?

a Ich bin traurig, denn jetzt werde ich meine heißgeliebten Schüler sechs Wochen lang nicht sehen.

b Ich bin traurig, denn schon in sechs Wochen werde ich diese elenden Nervensägen wiedersehen.

c Gar keins, weil ich wie üblich das halbe Schuljahr krankgefeiert habe und den Unterschied zwischen Schulzeit und Ferien nicht so mitkriege wie meine völlig ausgebrannten Kollegen.

3. Ein Schüler stört Ihren Unterricht ständig mit obszönen Bemerkungen. Wie reagieren Sie?

a Ich lasse den Schüler gewähren, denn Schweinkram reinrufen ist seine individuelle und kreative Art, sich am Unterricht zu beteiligen.

b Ich ignoriere den Schüler scheinbar, räche mich aber an ihm, indem ich ihn bei der nächsten Klassenarbeit ständig mit obszönen Bemerkungen störe.

c Ich reagiere überhaupt nicht. Ich habe meiner Klasse einen 90-minütigen Arbeitsauftrag erteilt und befinde mich wie üblich gar nicht im Klassenraum. So kann auch niemand meinen Unterricht stören.

4. Einer Ihrer Schüler kündigt auf seiner Facebook-Seite einen Amoklauf an der Schule an. Was tun Sie, um ihn davon abzuhalten?

a Ich versuche, in einem Vier-Augen-Gespräch herauszufinden, welche traumatischen Ereignisse in seiner Kindheit ihn zu dieser Aktion veranlasst haben. Danach gehe ich mit ihm auf den Schulhof, wo wir gemeinsam einen großen Baum umarmen und so die Aggressionen des Schülers auflösen.

b Ich gebe dem Schüler ein pädagogisch fundiertes Feedback. Ich sage ihm, dass nur ein kompletter Vollidiot seinen geplanten Amoklauf bei Facebook ankündigt, weil es dann jeder mitkriegt. Und dass mich diese hirnlose Aktion nicht weiter überrascht, weil sie sich nahtlos in seine bisherigen schulischen Leistungen einfügt.

c Ich bin total sauer auf ihn, weil ich vor Kurzem die gleiche Idee hatte, er mir jetzt zuvorgekommen ist und mir damit meinen gloriosen Abgang versaut hat.

5. Nach der Rückgabe einer Klassenarbeit teilt Ihnen ein Schüler mit, dass Sie sich bei der Punktzahl verrechnet hätten und ihm statt einer 5 + eine 4 − geben müssten. Kommen Sie der Bitte Ihres Schülers nach?

a Auf jeden Fall. Wenn ich einen Fehler gemacht habe, muss ich auch dazu stehen. Als Lehrer habe ich gegenüber meinen Schülern eine Vorbildfunktion.

b Nein. So etwas rechne ich nicht nach. Ich habe mich noch nie verrechnet, und ich werde mich auch nie verrechnen. Ich würde meine Fehler zugeben, wenn ich welche hätte.

c Ich gebe der Bitte nach, denn ich habe unheimliche Angst vor Kindern und Jugendlichen.

Buchstabe a zählt einen Punkt, Buchstabe b zwei, und c zählt drei Punkte. Addieren Sie jetzt Ihre Punkte, und entnehmen Sie das Testergebnis bitte untenstehender Tabelle.

5–8 PUNKTE: Sie sind Pädagoge aus Passion. Für Sie sind Kinder das wertvollste Gut, das wir in Händen halten. Weiter so!

9–13 PUNKTE: Sie sind der absolute Durchschnittslehrer. Ihnen gehen die Schüler am Arsch vorbei! Weil Sie wissen: Nur so können Sie bis zu Ihrer Frühpensionierung mit 55 durchhalten!

14–15 PUNKTE: Dass Sie dort unterrichten, wo Sie unterrichten, ist toll – für alle Schüler, die nicht an Ihrer Schule sind. Sie sind einfühlsam wie Godzilla, arbeiten so gerne wie ein Zweifingerfaultier und haben ein liebloseres Verhältnis zu Kindern als ein Rebellenführer im Kongo.

WAS LEHRER WIRKLICH MEINEN,

Früher trat ein Lehrer morgens vor die Klasse, blickte streng auf den Schüler Müller hinunter und blaffte: „Müller, Sie sind eine Null! Eine Milchkanne hat mehr Intellekt als Sie. Wie Sie es schaffen, überhaupt zu atmen, ist mir ein Rätsel – man würde Ihnen derart komplexe Tätigkeiten nicht zutrauen, wenn man Ihre Klausuren durchliest. Außerdem sind Sie faul, unsportlich und hässlich – ich verabscheue alles an Ihnen, Sie Wurst!" Danach wurde der Schüler Müller gut durchgeprügelt (und der Lehrer daraufhin zum Direktor gerufen, wo ihm mitgeteilt wurde, dass er die Auszeichnung „Pädagoge des Monats" verliehen bekäme).

Mit diesem erfrischend offenen Umgang ist es heute vorbei. Das Erste, was viele Nachwuchslehrer von ihren erfahreneren Kollegen lernen, ist: In der modernen Schule treffen mehrere bis aufs Blut verfeindete Parteien – Schüler, Eltern, Direktoren, die Schulämter – aufeinander. Ein Lehrer, der nicht die diplomatische Raffinesse eines Henry Kissinger und die Glattzüngigkeit eines Machiavelli mitbringt, wird schnell zermalmt. Und so lernt der Neuling bald das wichtigste Prinzip des Schulalltags: Sag, was du denkst, aber sag es so, dass es keiner versteht.

„So, die Grundlagen haben wir in diesem Schuljahr gemeinsam gelegt – im nächsten Jahr wird dann alles viel leichter laufen."

„So, ich habe bei den Zeugniskonferenzen dafür gesorgt, dass die Hälfte von euch Neandertalern sitzenbleibt – im nächsten Jahr wird dann alles viel leichter laufen. Und zwar für mich."

„Die Zeichnungen Ihres Sohnes sind faszinierend. Ich werde seinen Werdegang mit großem Interesse verfolgen."

„Die perversen Zeichnungen dieses kranken Würstchens sind verstörend, und mir macht das eine Scheißangst. Ich werde ihn genau im Auge behalten – damit ich mich genau an dem Tag krankmelden kann, wenn der Spinner hier alles in die Luft jagt."

„Sie haben großes Potenzial."

„Sie haben Körbchengröße C."

„Sie haben enormes Potenzial."

„Sie haben Körbchengröße D."

„Ihnen fehlt es leider an Potenzial."

„Sie haben Körbchengröße D – aber bei einem
männlichen Schüler ist das wirklich abturnend.
Sie sollten dreißig Kilo abnehmen."

„Herr Kollege, Sie sind vielleicht ein bisschen altmodisch, aber noch ein richtiger Pädagoge von echtem Schrot und Korn. Ich finde es wichtig, dass die Schüler so jemanden haben, an dem sie sich orientieren können."

„Sie sind ein rechtskonservatives, sadistisches Arschloch, eigentlich hätten Sie Verhörspezialist beim KGB werden sollen. Ich bin heilfroh, dass Sie die Schüler quälen – und nicht mich."

„Bei der Benotung der Klassenarbeit habe ich mir stundenlang den Kopf zerbrochen ..."

„... darüber, ob ich in den Ferien an die Costa Blanca oder nach Ligurien fahre. Die Noten standen natürlich schon vorher fest."

WAS SCHÜLER WIRKLICH MEINEN,

WENN SIE SAGEN...

Die meisten Schüler sehen ihre Pädagogen als Vorbilder und ahmen diese nach. So haben auch sie schon in jungen Jahren die Kunst der Doppelzüngigkeit erlernt.

„Wir werden Ihren Unterricht niemals vergessen!"

„Wie auch! Wir haben Ihre peinlichsten Szenen mitgefilmt und auf YouTube online gestellt – und da bleiben sie bis in alle Ewigkeit!"

„Ihr Matheunterricht ist faszinierend – die Zahlen treten einem fast plastisch vor Augen! Fantastisch!"

„Ihr Matheunterricht ist nur zu ertragen, wenn man vorher einen LSD-Trip einwirft. Dann aber wird's richtig geil!"

„Bei Ihnen vergeht die Zeit wie im Flug."

„Ist die Stunde echt schon vorbei? Wahnsinn, hab ich glatt 45 Minuten durchgepennt!"

DIE GRÖSSTEN
Horror-
VORSTELLUNGEN
VON LEHRERN

Es gibt viele Klischeevorstellungen darüber, worunter Lehrer am meisten leiden: aufsässige Schüler, schlechte Arbeitsbedingungen, Burn-out. Doch dies ist nur ein Teil der Wahrheit. Wir haben 2.000 Lehrkräfte anonym befragt, um eine wissenschaftlich fundierte Aussage darüber treffen zu können, worunter die Betroffenen *wirklich* leiden. Die Ergebnisse sind eine absolute Sensation und widersprechen allem, was man bislang über Lehrer zu wissen glaubte. Hier die 12 größten Horrorvorstellungen im Überblick:

Die Sommerferien werden von 6½ auf 6 Wochen reduziert.
(100% Zustimmung.)

Der Schüler, von dem du dein Crystal Meth beziehst, wechselt die Schule.
(18% Zustimmung; die restlichen Befragten verstanden den Satz nicht, weil sie dachten, Crystal Meth sei eine englische Lyrikerin.)

Der blonde, langbeinige Schuss aus der 11a konvertiert zum Islam und trägt statt Hotpants nur noch Burka.
(Zustimmung bei 81% der männlichen Lehrkräfte und 67% der lesbischen Kolleginnen.)

Die deutsche Regierung beschließt ein totales Einfuhrverbot für Volvos und hellbraune Ledertaschen.
(72% Zustimmung; die restlichen 28% ließ zumindest die zweite Vorstellung kalt, weil ihre Ledertaschen nicht hellbraun seien, sondern beige.)

Es ist der letzte Schultag, 16 Uhr, und du bist noch immer nicht an deinem Urlaubsort (Toskana, Gomera) angekommen.
(91% Zustimmung.)

Die Toskana wird von einem Meteoriten getroffen und komplett zerstört.
(50% Zustimmung; die anderen 50% sagen: „Mir egal, ich fahr immer nach Gomera.")

Obwohl du nach eigener Aussage ein absoluter Technikfreak bist, ermahnst du deine Schüler eindringlich, vor dem Unterricht ihre Smartphones auszuschalten. Alles andere sei asozial. Mitten in der Stunde klingelt dann dein eigenes Smartphone, und du hast nicht die geringste Ahnung, wie man das blöde Ding ausschaltet.

(20% Zustimmung; die anderen 80% sagten ihren Schülern im Unterricht: „Die Smartphones könnt ihr ruhig anlassen, aber die Handys müssen aus.")

$\mathcal{A}$rte und 3sat stellen gleichzeitig den Sende-betrieb ein.

(21% Zustimmung; die restlichen 79% meinten, dies sei ihnen völlig egal. Ihre Lieblingssendung, die „Ta-gesschau", würde ja schließlich auch im Ersten laufen.)

$\mathcal{D}$u bist Musiklehrer und gibst dich im Unterricht als „krasser Experte" für Popmusik zu erken-nen. Leider erzählst du deinen Schülern, dass Jus-tin Timberlake ein schottischer See ist, Red Hot Chili Peppers die wichtigste Zutat in Penne all'arrabbiata, und du bist völlig erschüttert, als man dir mitteilt, dass die Beatles sich getrennt haben.

(Zustimmung bei 53% der Musiklehrer; der Rest der Befragten erlitt bei der Nennung des Namens „Justin" einen allergischen Schock.)

$\mathcal{D}$u merkst beim Betreten der Klasse, dass deine schusssichere Weste zu Hause auf der Wäscheleine hängt.

(Zustimmung bei 100% der Hauptschullehrer; der Rest zerstritt sich heillos über die Frage, ob man „schusssicher" nach den neuen Rechtschreibregeln wirklich mit drei S schreibt.)

Der Kollege, der für die Organisation des jährlichen Betriebsausflugs zuständig war, ist überraschend verstorben. Du wirst vom Schulleiter als sein Nachfolger bestimmt – obwohl du schon für die Kaffeekasse zuständig bist!
(100% Zustimmung.)

Es gibt von heute auf morgen keine Kinder mehr. Ein Albtraum! Weil es bedeutet, dass du dir jetzt einen richtigen Job suchen musst.
(90% Zustimmung; die restlichen 10% antworteten dem Interviewer: „Ich finde jederzeit einen anderen Job. Akademiker werden immer gesucht: Ingenieure, Ärzte ... Warum sollte ausgerechnet ein Lehrer keinen Job finden? ... Und warum grinsen Sie die ganze Zeit so blöd? Sie haben doch selbst nix Gescheites gelernt!“)

KLEINE GESCHICHTE DES SCHULUNTERRICHTS

Eigentlich fing alles ganz harmlos an, vor rund 120.000 Jahren: Zwei junge Vertreter eines namenlosen Stammes der aufstrebenden Art Homo Sapiens gerieten in Streit über die korrekte Aussprache des Wortes „Grrrgch".

Das war unangenehm, denn „Grrrgch" konnte verschiedene Bedeutungen haben:

1. „Hallo, ich bin ein Freund und komme in guter Absicht."

2. „Willst du was? Komm nur! Ich mach dich platt, du Neandertaler!"

3. „Verdammt, wo kommt jetzt plötzlich dieser Säbelzahntiger her?"

4. „Hallo, süße Schnecke. Zu mir oder zu dir?"

5. „Ei, deucht mich doch, ich hätt ein Mammut
   dort am Horizont erspähet. Eure Spieße ergreift,
   Gefährten, frischauf zur frohen Hatz!"

6. „Sach ma, ist dat da Mammutscheiße an deinem
   Fuß?"

7. „Wie buchstabiert man eigentlich Australo-
   pithecus?"

Die Worte waren halt gerade erst erfunden worden,
und es gab noch nicht so viele. Darum war es wichtig,
dass man sie richtig aussprach, sonst laberte man heil-
losen Unfug. Also entschied der Sippenälteste: „Leute, ihr müsst lernen, wie man sich richtig ausdrückt.
Ab morgen ist Schule." (Eigentlich sagte er natürlich:
„Grrrrgch" – dies war die Bedeutung Nummer 8.)

Von da an stieg das Bildungsniveau des Homo Sapiens unaufhaltsam. Dabei war das Curriculum für
die Unterweisung des Nachwuchs-Frühmenschen zunächst noch übersichtlich. Hier ein typischer Stundenplan von damals:

ERSTE STUNDE: Deutsch (gemeinsames
Durchdeklinieren des Wortes „Grrrgch").

ZWEITE STUNDE: Sport (Speerwerfen – auf
Mammuts und Säbelzahntiger).

DRITTE UND VIERTE STUNDE: Sport
(Rennen – Flucht vor wütenden verwundeten
Mammuts).

Mit anderen Worten: Man hampelte rum und gab unverständliche Grunzlaute von sich.
Schule machte Spaß!

Die Leute damals wurden nicht alt (mit 19 war oft schon ein Sitz im Ältestenrat drin, und mit 25 war man ein würdiger Tattergreis und durfte den Behindertensitzplatz in der Nähe des Höhleneingangs benutzen), deshalb war natürlich auch die Schulzeit kurz: Man wurde Anfang September eingeschult und

bekam dann Ende Oktober sein Abiturzeugnis ausge-
händigt, nach etwa acht Wochen (ein früher Vorläufer
von G8).

Dann trudelte das Paläolithikum so langsam aus,
der Homo Sapiens nannte sich jetzt schlicht „Mensch",
erfand den Ackerbau und in unmittelbarer Folge den
Tauschhandel und das Geld. Ein neues Schulfach
musste her: Mathe.

Und schon bekam die heile Welt der Schule erste Risse, erstmals erhoben die Schüler ihre Stimme: „Mathe? Das hat uns vorher keiner gesagt! Wer
braucht denn so was? Wir wollen Sport!"

Zaghafte Hinweise des Lehrkörpers darauf, dass
man mit dem Lehrplan doch nur up to date bleiben
wollte, zumal Säbelzahntiger und Mammuts inzwi-
schen ausgestorben waren, blieben ungehört – das
Verhältnis zwischen Schülern und Lehrern war ernst-
haft angeknackst. Das sollte auch die nächsten 9.000
Jahre so bleiben.

Trotzdem gab es Ausnahmen: Im antiken Griechenland zum Beispiel war man von der Idee der Bildung
so begeistert, dass eine Bevölkerungsumfrage zur Zeit

des Tyrannen Peisistratos in Athen ca. 600 v. Chr. folgende Berufsgruppenaufteilung ergab:

Einwohner: 40.000, davon:
Lehrer: 19.999
Schüler: 20.000
Tyrannen: 1

Der Lehrerberuf war wahnsinnig beliebt: So war Sokrates* der Lehrer von Platon. Platon wurde ebenfalls Lehrer, und zwar der von Aristoteles. Was wurde aus Aristoteles? Richtig, Lehrer – und zwar der von Alexander dem Großen. Dieser schmiss dann jedoch die glänzende Pädagogenkarriere, die sich vor ihm ausbreitete, und führte zur Enttäuschung seiner Eltern ein unstetes Wanderleben, bei dem er und seine Kumpels sich dauernd in schlimme Prügeleien verwickeln ließen.

Ansonsten aber änderte sich im Lauf der nächsten Jahrtausende wenig. Die Schüler sagten: „Schule: Okay, aber bitte ohne Mathe!" Und die Lehrer sagten: „Schule: Okay, aber bitte ohne Schüler!"

Alles ging seinen Gang, aber dann kam das 20. Jahrhundert und damit die nächste große Umwälzung in der Menschheitsgeschichte: RTL.

---

*   Sokrates war außerdem der Lehrer des Philosophen und Logikers Euklid, des Schriftstellers Xenophon und des Politikers Alkibiades, also eine Art antikes Ein-Mann-Oxford. Das soll ihm mal einer nachmachen.

Hier ein typischer Dialog zwischen zwei Gymnasiasten (die Söhne eines Studienrats und eines Linguistikprofessors) aus dem Jahr 1984, also dem Vor-RTL-Zeitalter:

T I M O : „Florian, ich bin mit dem, was du da gerade gesagt hast, nicht wirklich einverstanden – mit den Prämissen vielleicht, aber nicht mit deinen Schlussfolgerungen."
F L O R I A N : „Wie schade, Timo, aber möglicherweise war meine Argumentation ja wirklich ein wenig unscharf."

Der gleiche Dialog im Jahr 2014, im Zeitalter von RTL:

T I M O : „Eyyyyschmachdsch Messa."
F L O R I A N : „Unnnissssssschlagdschkranken-hausssuopfer."

Tausende Jahre hat der Schulunterricht sich weiter und weiter entwickelt, ist unter Einbeziehung wissenschaftlicher und psychologischer Erkenntnisse immer mehr verfeinert worden und nun endlich an einem Endpunkt angelangt: Man hampelt rum und gibt unverständliche Grunzlaute von sich.

FEEDBACK-FIBEL
FÜR DEN SCHULALLTAG

Ein nicht unwesentlicher Teil des Lehrerberufs besteht darin, den Schülern Rückmeldung zu geben, nicht nur in Form von Noten, sondern auch in Form von Gesprächen. Hierbei gilt: Nicht nur der Inhalt Ihres Feedbacks zählt, sondern auch die Art und Weise, wie Sie es Ihren Schülern gegenüber äußern. Mithilfe einiger weniger Regeln können Sie Ihr Feedback nachhaltig verbessern:

- Formulieren Sie Ihr Feedback als ICH-BOTSCHAFT.

- Wenn Sie Kritik üben, äußern Sie sie anhand eines KONKRETEN BEISPIELS.

- Wenn Sie möchten, dass Ihr Schüler sich in Zukunft anders verhält, formulieren Sie dies IN FORM EINES WUNSCHES.

Diese Regeln helfen Ihnen vor allem bei verhaltensauffälligen und extrem aggressiven Schülern. Im Folgenden möchten wir Ihnen anhand eines typischen Beispiels aufzeigen, wie Sie in bestimmten Situationen richtig reagieren und welches eher der falsche Ansatz ist. Hier das Bespiel: Ein 16-jähriger Schüler

tritt im laufenden Unterricht zu Ihnen ans Pult und
bedroht sie mit einer Waffe. Wie reagieren Sie?

FALSCH: *Hast du sie noch alle???*
Nimm das scheiß Ding da weg!

RICHTIG: *Ich finde es nicht korrekt, dass*
du auf eine Vier in Mathe mit purer Aggression
reagierst. Ich möchte deshalb, dass du das
riesige Samurai-Schwert, das du gerade auf mein
Gesicht richtest, wieder von dort wegnimmst.
Für die Zukunft wünsche ich mir, dass wir ohne
negative Emotionen über deine Noten reden
können und du mich nicht, wie jetzt gerade, mit
dem Kopf nach unten aus dem 3. Stock hängst.

Die oben genannten Regeln können Sie übrigens
auch bei einem Gespräch im Kollegium anwenden,

zum Beispiel, wenn Sie bemerken, dass ein Kollege Sie ständig mobbt, und Sie ihn deshalb zur Rede stellen.

FALSCH: *Ey, Mann, Sie mobben mich seit über zwei Jahren. Ich werde Sie jetzt dem Schulleiter melden, Sie mieses Arschgesicht!*

RICHTIG: *Lieber Kollege* Soundso, *ich kann sehr gut verstehen, dass Sie sich beruflich weiterentwickeln möchten und mit mir um die zu vergebende Oberstudienrats-Stelle konkurrieren. Ich finde es aber* nicht *gut, dass Sie – mit dem von mir vermuteten Ziel der Vorteilsannahme – das Gerücht in die Welt gesetzt haben, ich hätte ein Verhältnis mit der 15-jährigen Bianca Schmitz aus der 8c. Ich finde es auch nicht gut, dass Sie die Mehrzahl meiner Schüler bestochen haben, damit diese mich in der schulinternen Lehrer-Evaluation mit der schlechtesten Note bewerten. Ich wünsche mir für die Zukunft, dass Sie sich mir gegenüber etwas kollegialer verhalten. Und dass, wenn ich mich nach Schulschluss auf dem Weg zu meinem Wagen befinde, Sie nicht mehr vom Dach der Sporthalle mit einer doppelläufigen Schrotflinte auf mich schießen.*

Auch hier gilt: Sowohl Ihr Schüler als auch Ihr Kollege werden sich durch Ihr Feedback nicht frustriert fühlen und Ihr Verhalten schlagartig ändern. Denken Sie also immer an die goldene Regel *Lust statt Frust,* dann wird der Lehrerberuf zum Paradies auf Erden.

LEXIKON

FERIEN. Nach landläufiger Meinung die Zeit, die der Lehrer zwischen Geburt und Tod erlebt.

Dies ist natürlich eine sehr einseitige Definition, die den Lehrer als „faulen Sack" diskreditiert und dabei völlig außer Acht lässt, dass die meisten Lehrer innerhalb ihrer Lebenszeit auch noch etwas anderes erleben: ihre Pensionierung.

UNTERTEILUNG: Weihnachts-, Winter-, Oster-, Pfingst-, Sommer- und Herbstferien. Im Zuge des Klimawandels zunehmend nur noch mithilfe eines Kalenders klar voneinander zu unterscheiden.

BESONDERHEITEN: Der früher für die Sommerferien benutzte Begriff „große Ferien" warf immer wieder die Frage nach dem Verbleib der „kleinen Ferien" auf. Gerade Deutsch- und

Philosophielehrer waren sich darüber einig, dass der Begriff „große Ferien" zwingend die Existenz von „kleinen Ferien" voraussetzt, da man sich ansonsten ja die Verwendung des Adjektivs „groß" sparen könne. Bestrebungen, als logische Konsequenz dieses Gedankengangs zukünftig auch „kleine Ferien" mit in den Ferienkalender aufzunehmen, scheiterten jedoch, da einfach kein Platz mehr für sie war. In der Folge einigte man sich deshalb auf den heute gängigen Begriff „Sommerferien", der aber auch nicht ganz unproblematisch ist, da er u. a. die Frage nach dem Verbleib der „Frühlingsferien" aufwirft.

T R I V I A : Während der Ferienzeit weist die Toskana eine höhere Lehrerdichte pro Quadratmeter auf als ein Lehrerzimmer während der Pausenzeit. Bedauerlicherweise wehren sich die Toskaner gegen den Vorschlag, das Ende der deutschen Ferienzeit mit einem landesweiten Klingeln zu signalisieren.

WIE WERDE ICH EIN PERFEKTER LEHRER?

Sie haben ein komplettes Studium und ein nerven-zermürbendes Referendariat durchgestanden, haben Ihre Abschlussprüfungen hinter sich gebracht und können endlich von sich sagen: „Jawohl, ich hab's geschafft – ich bin Pädagoge!"

Aber dann kommt Ihr erster Arbeitstag, Sie sehen sich im Lehrerzimmer um unter all den verschrobenen, linkischen, etwas weltfremden Käuzen, die Sie – den Neuen – neugierig beäugen, und da wird Ihnen plötzlich schlagartig klar, dass Sie ein gewaltiges Problem haben: Sie sind völlig normal!

Ihre sämtlichen Klamotten wurden innerhalb der letzten fünf Jahre erworben, und weder Ihre Hosenbeine noch Ihre Jackenärmel sind zu kurz. Ihre Frisur scheint unter Zuhilfenahme professionellen Beistands zustande gekommen zu sein, und Sie wissen vielleicht sogar, dass es sich bei Limp Bizkit nicht um ein Gebäck handelt. Trotzdem aber wollen Sie sich einfügen. Was also tun? Wir haben ein paar Übungen und Tricks zusammengestellt, um Ihnen auf Ihrem Weg zu helfen, ein perfekter Lehrer zu werden.

PUNKT 1: SIE UND DIE TECHNIK

Sie können einen DVD-Player von einem Receiver unterscheiden, und Ihr Handy „kann" Internet? Wie soll man in Ihnen einen echten Lehrer sehen, wenn Sie so unverzeihlich von der Norm abweichen?

Übung: Nutzen Sie Ihre (noch) vorhandenen technischen Fähigkeiten – und setzen Sie sämtliche elektronischen Geräte in Ihrem Haushalt unter Strom. Jedes Mal, wenn Sie eines von den Dingern anfassen, werden Sie einen leichten elektrischen Schlag erhalten. Nach einigen Wochen werden Sie, sobald Sie sich einem TV-Bildschirm oder einem Computer nähern, automatisch ängstlich und mit verzerrter Miene zurückzucken. Und sollten Sie in der Schule in die Verlegenheit kommen, ein technisches Gerät im Unterricht einsetzen zu müssen, werden Sie dies ganz selbstverständlich an Ihre Schüler delegieren. Wenn Sie merken, dass sich die Kleinen insgeheim über Ihre technische Unzulänglichkeit mokieren, haben Sie es geschafft.

Sie können diesen Effekt übrigens verstärken, indem Sie sich von den Stars aus Hollywood inspirieren lassen: Suchen Sie einen Schönheitschirurgen auf, und nutzen Sie die hilfreiche Wirkung des Nervengiftes Botox – aber lassen Sie es sich nicht ins Gesicht injizieren, sondern in Ihre Hand. Nur wenige Behandlungen und man wird in Ihnen einen liebenswerten linkischen Schussel sehen, der geistig voll auf der Höhe, aber in Sachen Feinmotorik ein hoffnungsloser Fall ist. Der Satz „Oh Mann, wie soll man bei diesen winzigen Knöpfen auch den richtigen erwischen, verdammt?!" wird schnell zu Ihrem ständigen Repertoire gehören.

PUNKT 2: SIE UND DIE BÜCHER

Sie können aus dem Kopf drei Titel von Stephen King nennen, und bei der Erwähnung des Wortes „Illuminati" fragen Sie nicht: „Ist das korrekt dekliniert?", sondern: „Wie ging das noch mal aus?" Und schon bei der bloßen Nennung der Namen „Theodor Fontane" und „Goethe" müssen Sie sich in den nächsten erreichbaren Sessel sinken lassen, weil Sie von einer bleiernen Müdigkeit übermannt werden? Das macht Sie natürlich zu einem Paria des Lehrerzimmers.

Übung: Nehmen Sie Ihre Ausgaben von *Effi Briest* und *Iphigenie auf Tauris* zur Hand, die bisher noch keinerlei Gebrauchsspuren aufweisen. Lesen Sie beide und besetzen Sie vor Ihrem geistigen Auge die jeweilige Hauptrolle mit Scarlett Johansson. Gut. Wenn Sie Ihre Fantasie so weit aktiviert haben, gehen Sie einen Schritt weiter: Lassen Sie Scarlett Johansson sich durch endlose belanglose Dialoge und für einen modernen Menschen nicht nachvollziehbare Seelenqualen kämpfen, aber lassen Sie sie es nackt tun! Merken Sie, wie sich bei Ihnen langsam eine Affinität zu Goethe und Fontane einstellt? Bald wird selbst ein fünfseitiger Dialog zwischen Effi und ihrer Köchin (ebenfalls nackt), in dem in zermürbender Ausführlichkeit die Speisenfolge des Abendessens erörtert wird, zu einem im wahrsten Sinne des Wortes lustvollen Leseerlebnis für Sie werden.

Falls Sie das Ergebnis noch verstärken wollen, zetteln Sie einen Ehestreit an, bei dem Ihre Frau Sie aus Rache auf sexuellen Entzug setzt – bald wird Ihre gesamte sexuelle Energie sich in Ihrer Lektüre kanalisieren.

Nach einiger Zeit wird Ihnen sogar ein Satz wie „Heute hab ich mich mal wieder richtig verwöhnt und mir *Hermann und Dorothea* gegeben" glatt von den Lippen gehen. Dann wissen Sie, dass Sie endlich in der Mitte des Kollegiums angekommen sind.

PUNKT 3: SIE UND DIE MODE

Wenn Sie einen Raum betreten haben, sind Sie noch nie mit den Worten „Ey, Leute, guckt euch mal den Freak da an!" begrüßt worden? Wenn man Sie anschaut, muss man weder unwillkürlich an Sherlock Holmes denken noch an die DDR? Pech für Sie – wie wollen Sie hier jemals dazugehören, wenn Sie rumlaufen wie ein Topmodel!?

Übung: Gehen Sie in Ihren Keller, und durchstöbern Sie Ihre Schränke. Irgendwo werden sich noch Otto-Kataloge aus den Achtzigerjahren finden. Blättern Sie diese aufmerksam durch, jeden Tag mindestens 20 bis 30 Seiten. Nach einigen Wochen werden Sie bemerken, dass der Anblick von unförmigen Jacken und zu kurzen Hosen, die den Körper ins Groteske verzerrt erscheinen lassen, sowie von grellen Neonfarben Ihnen immer weniger ausmacht. Glückwunsch – Sie sind dabei, sich Ihren guten Geschmack erfolgreich abzutrainieren.

Jetzt gehen Sie zur nächsten **Übung** über: Schreiben Sie sich in einen Clowns-Kurs ein, wo man Ihnen beibringen wird, dass ausgebeulte Kleidung, die formlos an Ihnen rumschlabbert, etwas Gutes ist – und notwendig für Ihren Erfolg. Jetzt viel Spaß beim Flohmarkt-Bummel, zweifellos wird man Sie bald im Lehrerzimmer als Gleichgestellten akzeptieren.

Sie haben sich schon des Öfteren dabei ertappen müssen, dass Sie Verständnis für die eine oder andere Maßnahme der Schulbehörde aufbrachten? Wenn Sie ein Foto des Schulministers in der Zeitung sehen, kratzen Sie weder mit einem Messer die Augen heraus noch hängen Sie das Bild als Zielscheibe auf? Sie verspüren keinen inneren Zwang, selbst Wildfremden zu erläutern, warum sämtliche Bediensteten des Schulamts suspendiert und lebenslang aus dem Verkehr gezogen gehören? In diesem Fall sollten Sie Ihre Berufswahl überdenken – oder an sich arbeiten.

Übung: Nutzen Sie eine Technik, die vom Volk der Senoi in Malaysia schon seit Jahrhunderten angewendet wird: luzides Träumen. Das ist gar nicht so schwer: Werden Sie Schüler eines Gurus, der sich auf buddhistisches Traumyoga versteht. Lernen Sie von ihm, Ihre Träume bewusst zu steuern – und dann lassen Sie sich von einem monströs entstellten Schulminister durch ein höllisches Labyrinth jagen, wo er Sie aufschlitzen und lebendig häuten wird. Dies wiederholen Sie einige Wochen Nacht für Nacht, und bald werden Sie in dem Mann Ihren natürlichen Feind und die Inkarnation alles Bösen und Verderbten sehen – also exakt die Haltung Ihrer Kollegen einnehmen, die Sie gern als neuen Freund in Ihrem Kreis begrüßen werden, wenn sie Zeuge Ihrer geifernden Hassausbrüche werden.

INTERVIEW MIT
SOKRATES

Herr Sokrates. In Ihrer Klasse unterrichteten Sie Schüler wie Platon, Euklid, Xenophon, Alkibiades und Antisthenes. War das nicht eine besondere Herausforderung, derartig berühmte Persönlichkeiten vor sich zu haben?

SOKRATES: Es war grauenhaft. Allein die Namen. Die kann doch kein Schwein aussprechen. Also hab ich denen erst mal andere Namen gegeben. Kevin, Justin und so weiter. Bei Platon hab ich lange überlegt, welchen Namen ich ihm gebe. Bestimmt vier Jahre lang. Wenn ich mal nachdenke, hör' ich so schnell nicht auf, wissen Sie. War aber auch knifflig, denn eigentlich ist Platon ja nicht so schwer auszusprechen. Hab mich dann aber doch für Dumbo entschieden. Wegen seiner Segelohren. Fanden wir alle lustig damals.

Sie unterrichteten Philosophie. Von Ihnen stammt der berühmte Satz: „Ich weiß, dass ich nichts weiß."

SOKRATES: Davon weiß ich nichts.

Aber Philosophie unterrichteten Sie schon?

SOKRATES: Ja. Als Hauptfach. Interessanter fand ich aber die Nebenfächer. Sport, Hauswirtschaftslehre oder Chemie. In Chemie haben wir immer Wein selbst gemacht. Kennen Sie bestimmt. Griechischer Wein. Und wenn Dumbo, also Platon, einen im Tee hatte, ging der einem mit seinen Plattitüden immer ziemlich auf den Sack. Zum Beispiel: „Glücklich sind die Menschen, wenn sie haben, was gut für sie ist." Meine Fresse! Natürlich sind die Leute happy, wenn sie haben, was gut für sie ist. Liegt doch auf der Hand! Ich hab jedenfalls noch keinen angetroffen, der froh darüber war, Krebs zu haben.

Das hört sich an, als hätten Sie lieber einen anderen Beruf ergriffen ...?

SOKRATES: Wir Lehrkräfte hatten ja nix damals. Noch nicht mal ein Klassenzimmer. Unterrichten Sie mal mitten auf dem Marktplatz von Athen!

Man versteht sein eigenes Wort nicht; wenn einer mal austreten muss, braucht er 'ne halbe Stunde bis zum nächsten Klo; aber das Schlimmste: ständig diese Eulenkacke auf der Toga! *

Aber es stimmt. Ich hätte schon lieber was anderes gemacht. Cocktailmixer oder so was. In meiner Freizeit mixe ich nämlich für mein Leben gerne Cocktails. Schon mal meine neueste Kreation probiert? Tequila Schierling on the rocks. Haut den stärksten Mann um.

Nein, bis jetzt noch nicht. Herr Sokrates, verraten Sie uns noch etwas über Ihr Privatleben?

SOKRATES: Nur so viel: Bekommst du eine gute Frau, wirst du glücklich werden; bekommst du eine schlechte, wirst du Philosoph werden.

Dann sind Sie also ... nicht besonders glücklich?

SOKRATES: Ich will es mal mit einem Gleichnis formulieren: Wenn es Paläste regnet, trifft mich garantiert die Scheißhaustür.

Vielen Dank für das anregende Gespräch.

SOKRATES: Da nicht für.

---

* Hier irrt Sokrates. Im alten Griechenland trug man keineswegs eine römische Toga, sondern ein Himation. Aber das wissen Sie wahrscheinlich längst.

RECHTSCHREIBUNG

Sehr geehrte Damen und Herren,

vor einigen Jahren hat die Methode „Lesen durch Schreiben" in unseren Grundschulen Einzug gehalten und davon abgeleitet das „Schreiben nach Gehör". Als Grundschullehrerin finde ich diese Idee richtig klasse. Denn sie bedeutet, dass die Kinder erst einmal alle Wörter und Sätze so schreiben dürfen, wie sie sie hören.
„Ich schbiele gärne fuhsball." Toll! „Di kinda gen in den tso." Warum nicht?! „Ich kan briema schraipn." Wunderbar! Sollte man den Kindern diese lautmalerischen Schreibweisen verbieten, nur weil man eine hochentwickelte Dechiffriermaschine braucht, um den dahinterliegenden Sinn zu entschlüsseln?!
Übrigens: M. E. sollte man auch an weiterführenden Schulen der korrekten Rechtschreibung nicht allzu viel Wert beimessen. Oder wäre es wirklich so schlimm, wenn Sie die folgende SMS von Ihrer 18-jährigen Tochter erhielten: „mudda, ischap jäzz apitua!"

Mit „fräuntlichn" Grüssen, StR Paula Grötzinger, Saarbrücken

Die statistische Wahrscheinlichkeit, sechs Richtige im Lotto zu haben liegt bei 1 zu 13.983.816. Sie müssten also 268.919 Jahre und knapp 29 Wochen lang jede Woche einen Tipp abgeben, um statistisch gesehen einmal einen Volltreffer zu erzielen. Diese Zeit lässt sich dramatisch auf ein erträgliches Maß von 26 Jahren und knapp 47 Wochen verringern, wenn Sie jede Woche 1.000 Lottotipps abgeben!

Die statistische Wahrscheinlichkeit, fünf Richtige im Lotto zu haben, liegt hingegen bei 1 zu 54.201. Sie müssten also bei 1.000 Tipps die Woche lediglich etwas über ein Jahr lang spielen, um garantiert fünf Richtige zu haben. Dies klingt zunächst verheißungsvoll, hat aber leider einen großen Haken: Da der Gewinn bei sechs Richtigen im Schnitt um den Faktor 172 höher liegt als bei fünf Richtigen, müssten Sie 172 Jahre lang spielen, um einen Gewinn zu erzielen, der dem Gewinn bei sechs Richtigen gleichkommt. (Und der stellt sich ja bereits nach knapp 27 Jahren ein, wie obige Beispielrechnung beweist.) Auf fünf Richtige zu setzen, ist also nicht empfehlenswert!

Die statistische Wahrscheinlichkeit, überhaupt einen Haupttreffer zu landen, steigt dramatisch mit abnehmender Zahl der möglichen Kombinationen. Was spricht also dagegen, Ihre eigene Lottogesellschaft zu gründen und statt dem bekannten *6 aus 49* beispielsweise *1 aus 2* anzubieten oder für risikofreudigere Spieler auch *1 aus 3*? Wenn Sie hier schnell sind und als einer der Ersten selber mitspielen, steht einem Hauptgewinn beim Lotto wenig im Wege.

Tipp für Mathelehrer, denen das Lottospiel als solches immer noch zu riskant erscheint, die aber irgendeine Ahnung haben, dass sich damit trotzdem viel Kohle machen lässt: Verwandeln Sie Ihre mathematische Begabung in Gold und werden Sie zum Bestsellerautor des Werkes *Alle Lottozahlen von 1-2-3-4-5-6 bis 44-45-46-47-48-49.* Sie werden sehen: Man wird Ihnen Ihr Buch begeistert aus den Händen reißen. Schließlich beinhaltet es mit Sicherheit die Gewinnzahlen, die bereits in der nächsten Woche den Volltreffer garantieren!

HÄNSEL
&
GRETEL
▮▮▮▮▮▮▮▮ FÜR ▮▮▮▮▮▮▮▮
MATHE-, PHYSIK- UND
CHEMIELEHRER

Vor einer unbekannten Menge von Bäumen, kurz: *w* (für *Wald)*, wohnten ein Element aus der Menge der Holzhacker *(y)*, ein Element aus der Menge der Ehefrauen *(z)* und die Elemente Hänsel und Gretel aus der Menge der Kinder des Holzhackers und seiner Frau, wobei die Summe von Hänsel und Gretel identisch war mit der Menge der Kinder des Holzhackers und seiner Frau *(h+g=∑Kinder von y+z)*. Der Holzhacker und seine Frau waren zudem Elemente der Menge *a* (für *arme Leute)*. Als zu jener Zeit die Preise im Lande exponentiell *(f(x)=x3)* anstiegen, konnte der Holzhacker das täglich Brot nicht mehr beschaffen. So entschlossen sich seine Frau und er, dass Hänsel und Gretel eine Schnittmenge von *w* (für *Wald)* werden sollten und dass man sie anschließend in der Menge *w* zurücklassen wollte.

Hänsel aber hatte das Gespräch der Eltern mitgehört und berechnete umgehend die Wahrscheinlichkeit, mit der seine Schwester und er wieder aus der Menge *w* herausfinden würden. Sie betrug exakt 93,52%. Dies setzte voraus, dass Hänsel eine Zahl *n* von Brotkrümeln auf der Geraden *g,* die die Menge *w* an ihrer längsten Stelle durchschnitt, ausstreute. Gemäß der Formel *Länge der Geraden in Metern : Anzahl der Brotkrümel = Entfernung der Brotkrümel voneinander.*

Gesagt, getan. Als die Eltern Hänsel und Gretel in die Menge *w* führten, warf Hänsel ein Bröckchen nach dem anderen in einem Normalparabelbogen (f(x) = ax2 + bx + c) auf die Gerade *g.* Doch bald darauf wurde Hänsel gewahr, dass er bei der Berechnung der Wahrscheinlichkeit vergessen hatte, die Menge *v* (für die *Vögel des Waldes*) mit einzubeziehen. Diese pickten nämlich ein Bröckchen nach dem anderen weg, sodass die Menge der Brotkrümel bald identisch war mit Ø *(leere Menge).*

Die beiden Kinder wollten trotzdem nach der Geraden *g* suchen, aber sie waren so müde, dass ihre Beine sie nicht mehr tragen wollten. Da legten sie sich unter ein Element *b* (für *Baum)* der Menge *w* und schliefen ein. Nun war es nach den Gesetzen der Addition schon der dritte Morgen, dass sie ihres Vaters Haus verlassen hatten. Da sahen sie ein schneeweißes Element der Menge *v* auf einem Ast sitzen. Aufgrund der Tatsache, dass der statische Auftrieb des Tieres der Gewichtskraft der verdrängten Luft entsprach, konnte sich das Vöglein in die Lüfte schwingen und flog vor ihnen her, bis sie an einen symmetrischen

Quader mit zwei aufgesetzten Rechtecken kamen. Als sie näher herantraten, sahen sie, dass der Quader und die Rechtecke aus Lebkuchen waren. „Da wollen wir uns dranmachen", sprach Hänsel und reichte exakt 23,8 Zentimeter in die Höhe, schnitt mit Geodreieck und Zirkel ein Stück von den Rechtecken ab und wollte es gerade essen. Da rief eine feine Stimme aus der Stube: „Knusper, knusper, Rufus, wer knuspert an meinem Kubus?"

Und die Kinder fein, antworteten: „Was, wenn es ein Naturereignis wäre / wie die meist horizontal gerichtete, stärkere Luftbewegung in der Erdatmosphäre?" Da rief die Stimme: „Hä???" Und die Kinder antworteten: „Der Wind, der Wind, das himmlische Kind." Da ging die Tür auf, und eine Frau, deren Lebensalter schon den Grenzwert gegen unendlich (∞) erreicht zu haben schien, kam herausgeschlichen und führte sie in ihren Lebkuchenkubus. Da ward gutes Essen aufgetragen, und Hänsel und Gretel dachten, sie seien im Himmel, dem fiktiven Ort zwischen Erde und Weltraum, in dem viele Religionen irrationalerweise Götter, Engel und Verstorbene vermuten.

Die Alte hatte sich zwar freundlich angestellt, sie war aber eine böse Hexe. Wenn ein Element aus der Menge k (für *Kinder)* in ihre Gewalt kam, so machte sie es tot, tauchte den Körper in einen Kessel mit siedendem H_2O, führte es ihrem Verdauungstrakt zu und unterzog es dort einer Aufspaltung in Fette, Eiweiße und Kohlenhydrate. Also packte sie Hänsel und sperrte ihn in einen kleinen, mit Stroh bedeckten Polyeder. Da dieser laut Angaben der Hexe exakt 5,23 Meter von ihr entfernt war und sie für das 7,6 Sekunden dauernde Zerren von Hänsel eine Kraft von 83 Newton aufbringen musste, entsprach dies einer Leistung von exakt 57,117105263158 Watt, wobei die Hexe die 8 am Ende großzügig aufgerundet hatte.

Als drei Wochen, 6 Tage, 23 Stunden, 37 Minuten und drei Sekunden, oder wie der Volksmund sagt, vier Wochen vorüber waren, wollte die Hexe Hänsel kochen. Früh morgens sollte Gretel eine oben offene mit H_2O gefüllte Halbkugel aufhängen und darunter einem Stapel Holz thermische Energie zuführen. „Erst aber wollen wir backen", sprach das alte Weib, „ich habe im Backofen schon Kohle vergast. Kriech

hinein und beobachte, ob dort schon die gewünschte exothermische Reaktion eingetreten ist."

Gretel überschlug kurz die Wahrscheinlichkeit, die sich aus den Aussagen der Hexe in Bezug auf ihr eigenes Überleben ergab, und kam zu dem Ergebnis von 1:1.000.000. Deshalb sprach sie: „Ich weiß nicht, wie ich's machen soll. Ich bin 1,20 Meter groß, aber der Durchmesser der Öffnung misst deutlich weniger." „Dumme Gans", sagte die Alte, „die Öffnung ist locker Π mal 40 Zentimeter groß, ich könnte selbst hinein." Damit trappelte sie heran und steckte den Kopf in die Öffnung. Da gab ihr Gretel einen Stoß, sodass die Hexe mit einem grob geschätzten Impuls von $1123,2684$ kg·m·s^{-1} in den Ofen hineinfuhr, und dort jämmerlich verbrannte. Heiß, heißa, am heißasten, da war die Freude groß!!! Gretel befreite Hänsel aus seinem Polyeder, und dank eines naturwissenschaftlich nicht erklärbaren Vorgangs, bei dem ein Element aus der Menge s der Stockenten eine Rolle spielte, gelangten die beiden Kinder frohgemut nach Hause zu dem mit ihnen verwandten Element aus der Menge y der Holzhacker. Da gab es ein munteres Stelldichein, und es galt die Formel: Sorgen = $\varnothing$. Und wenn sie nicht gestorben sind, dann leben sie noch heute. Wobei die Wahrscheinlichkeit *dafür* mathematisch gesehen noch weit unter 1:1.000.000 liegt.

Dada für Musik- lehrer

Gedicht über die

(Sinfonie mit dem Paukenschlag)
von Joseph Haydn, zweiter Satz

-----------------b u m m---------------

NEUES AUS DER WELT DER
MEINUNGS-
FORSCHUNG

Lehrer werden im Allgemeinen als ferienfixier-te Faulenzer wahrgenommen, die nur morgens arbeiten müssen und dafür dicke Gehälter und Pensionen einstreichen. Dies geht natürlich völlig an der Realität vorbei. Die Gehälter sind gar nicht mehr so dick. Doch dies sind nur einige der zahlreichen Vorurteile, unter denen Lehrer zu leiden haben. Um herauszufinden, was Lehrer wirklich bewegt und wo sie selbst Probleme in ihrem beruflichem Umfeld sehen, haben wir eine repräsentative Umfrage bei einem renommierten deutschen Meinungsforschungsinstitut in Auftrag gegeben.

Ein Ergebnis dieser Umfrage kam völlig überraschend: 90 PROZENT der Lehrer gaben an, dass sie mit zunehmender Berufsdauer mehr und mehr den Spaß an ihrer Arbeit verlieren. Ein Schock! Ist eine breite Mehrheit der Deutschen doch bisher davon ausgegangen, dass diese Auffassung 100 PROZENT aller Lehrer vertreten würden.

- -

5 7 P R O Z E N T der Lehrer sagten, das Unterrichten sei in den vergangenen fünf bis zehn Jahren anstrengender geworden. Allerdings waren diese Lehrer ausnahmslos zwischen 55 und 65 Jahren alt und gaben ergänzend zu Protokoll, dass in den vergangenen fünf bis zehn Jahren *alles* anstrengender für sie geworden sei.

Die Mehrzahl der Lehrer zeichnete, ebenfalls wenig überraschend, ein sehr kritisches Bild ihrer Schüler. Knapp über 9 0 P R O Z E N T meinten, „die modernen Medien" hätten einen zu großen Einfluss auf die Schüler, 70 Prozent hatten dabei vor allem die Bravo, das ZDF und „diese neuen Computerspiele" wie *Donkey Kong* und *Pacman,* im Auge. Auch dem Internet wurde eine Mitschuld gegeben, allerdings konnten 6 5 P R O Z E N T der Lehrer keine näheren Angaben zum Internet machen, weil sie bis heute nicht wüssten, „wo genau man dieses blöde Ding anschaltet."

---

7 1 P R O Z E N T der befragten Lehrer fanden zudem, ihre Schüler seien zu materialistisch eingestellt. Als man den Befragten die Zusatzinformation gab, dass genau diese Schüler durch ihre Steuerabgaben später u. a. für die Renten der Angestellten im öffentlichen Dienst und die Beamtenpensionen aufkommen

würden, blieben nur noch 0 , 0 0 2 P R O Z E N T der Befragten bei ihrer zuvor geäußerten Meinung. Dies entspricht genau einem Lehrer. Er hatte die Zusatzinformation überhört, weil er gerade damit beschäftigt war, per Smartphone seine Daytrading-Gewinne auf ein Geheimkonto bei der Züricher Vontobel-Bank zu überweisen.

- -

8 1 P R O Z E N T der Lehrer leiden offenbar darunter, dass die Leistungsanforderungen permanent steigen. Auch wenn hier ausschließlich die Leistungsanforderungen an die Schüler gemeint waren, beurteilten die meisten Lehrer diese Entwicklung negativ. Denn wenn der Schüler mehr leisten muss, muss der Lehrer mehr korrigieren.

- -

Die meisten Lehrer waren übrigens der Meinung, dass Eltern nur wenig Einfluss auf die Erziehung ihrer Kinder ausüben. Knapp 7 5 P R O Z E N T der Lehrer beobachteten, dass Eltern oft zu wenig Zeit für ihre Kinder haben. Den Grund, dass häufig beide Elternteile nachmittags arbeiten müssten, ließen 9 2 P R O Z E N T der Lehrer nicht gelten. Sie selbst hätten nachmittags immer Zeit.

- -

Übrigens: 7 1 P R O Z E N T der Eltern sind der Auffassung, dass die Erziehung der Kinder extrem wichtig sei, aber **9 8 P R O Z E N T** von ihnen glauben,
dass dies nicht ihre eigene, sondern alleinige Sache
der Lehrer sei. **8 2 P R O Z E N T** der Eltern haben
die Erziehung ihrer Kinder „längst aufgegeben", die
restlichen 1 8 P R O Z E N T haben erst gar nicht
damit angefangen. Dieses Ergebnis lässt vermuten:
Für die Lehrer wird es in Zukunft nicht einfacher.

SEHR GUTE SONGS
FÜR LEHRER

Lehrer sind jederzeit offen für die Meinung anderer, insofern sie sich mit der eigenen deckt. Die folgenden Songs sind daher nicht als vorläufige Liste zu begreifen, sondern als die einzig mögliche Musikkompilation für Lehrer. Die Lehrergewerkschaft GEW verteilt für solche Zusammenstellungen die Note „sehr gut", wenn die Qualität der Songs den an sie gestellten Anforderungen in besonderem Maße entspricht. Dies ist hier eindeutig der Fall. Wenn Sie Widerspruch gegen die Auswahl einlegen wollen, wenden Sie sich bitte an Ihre jeweilige Bezirksregierung.

1. **THE FINAL COUNTDOWN** (Europe), für die letzten 10 Tage vor dem Rentenbeginn. Für den Tag der Pensionierung selbst: **PERFECT DAY** (Lou Reed).

2. **I WILL SURVIVE** (Gloria Gaynor), für das Referendariat als Ethiklehrer an der Rütli-Schule in Berlin-Neukölln.

3. **BILDER IM KOPF** (Sido), wenn Sie Kunstlehrer an der Rütli-Schule sind und Ihre Schüler Ihnen bei einem Museumsbesuch als Belohnung für Ihren fachlich fundierten Vortrag diverse Gemälde mit massiven Eichenholzrahmen in die Schädeldecke rammen.

4. **IHR KÖNNT MICH MAL** (Gebrüder Engel), direkt nach der Verbeamtung.

5. **KNOCKIN' ON HEAVEN'S DOOR** (Bob Dylan), vor dem Termin beim Schulleiter.

6. **ALLE KINDER LERNEN LESEN** (Kinderlied), Science-Fiction-Song für Grundschulpädagogen.
EVERYBODY'S GOTTA LEARN SOMETIMES (Beck), Science-Fiction-Song für *alle* Lehrer.

7. **ANOTHER BRICK IN THE WALL** (Pink Floyd), für Anwärter auf den Preis „Originellste Musikauswahl in der Schülerdisco".

8. **ETERNAL FLAME** (Bangles), für Chemielehrer, die ihre pyromanisch veranlagten Schüler nur einen Augenblick aus den Augen verloren haben.

9. **YOU ARE NOT ALONE** (Michael Jackson), für klaustrophobische Erdkundelehrer, die bei einer Bergwerksbesichtigung durch einen Erdrutsch mit ihrer gesamten Klasse in einem 10 Quadratmeter großen Stollenabschnitt eingeschlossen werden.

10. **EUPHORIA** (Loreen), für Lehrer, denen das Gefühl der Euphorie völlig unbekannt ist, also für alle.

11. **MORGENS IMMER MÜDE** (Laing), für Lehrer, denen jedes andere Gefühl völlig unbekannt ist, also auch für alle.

12. **SEXY AND I KNOW IT** (LMFAO), für den ganz normalen Sportlehrer.

13. **DU LÜGST SO SCHÖN** (Juli), wenn ein Schüler Ihnen gerade erklärt, warum er zu spät zum Unterricht gekommen ist.

14. **NOTHING ELSE MATTERS** (Metallica), in voller Lautstärke, für Englischlehrer, deren Schüler den genannten Songtitel mit „Das interessiert Else nicht" übersetzen.

KURZKRIMI

Als Kommissar Jeff Carter kurz nach 20 Uhr vor der Steve-Jobs-Highschool ankam, bot sich ihm ein Bild des Schreckens. Auf dem Schulparkplatz lag eine blutüberströmte Leiche, die ihn mit grotesk verzerrtem Gesicht anstarrte. „Bei dem Toten handelt es sich um Ferdinand Walters, 46 Jahre, Mathematiklehrer", berichtete Carters Assistent Bill Smith, der kurz vor seinem Chef am Tatort eingetroffen war. „Er wurde erst von einem Auto angefahren und danach stranguliert."

Carter presste die Lippen zusammen. „Da wollte wohl jemand auf Nummer sicher gehen." Er deutete auf den Umhängegurt einer hellbraunen Ledertasche, die direkt neben der Leiche lag. „Ist das die Tatwaffe?"

Bill nickte. „Die Tasche gehörte dem Opfer. Aber Selbstmord war's wohl eher nicht."

„Das denke ich auch", erwiderte Carter. „Aber beantworten Sie mir eine Frage, Bill: Was in Gottes Namen macht ein Lehrer gegen 20 Uhr noch an seiner Schule?"

„Elternabend", entgegnete Bill trocken.

Carter geriet ins Grübeln. „Dann könnte es *doch* Selbstmord gewesen sein. Wäre nicht der erste Pauker, der nach einem Elternabend vor ein Auto springt."

„Das stimmt." Bill räusperte sich. Die Kollegen von der Spurensicherung hatten in den letzten Jahren schon einige tote Pauker von der Straße gekratzt. „Aber is' wohl eher unwahrscheinlich, dass das Opfer sich danach selbst stranguliert hat."

Carter nickte nachdenklich. „Gibt es schon Verdächtige?"

„Zwei Väter und eine Mutter waren noch auf dem Schulgelände, als der Hausmeister den Toten fand", berichtete Bill. „Alle drei sind mit dem Auto gekommen, und alle drei haben ein Motiv. Mrs. Goldsmith fährt ein Mercedes-Cabrio. Sie sieht in Mr. Walters den Hauptschuldigen dafür, dass ihre Tochter Muriel-Ann auf dem letzten Zeugnis nur einen Notendurchschnitt von 1,4 hatte. Mr. Pendergast fährt einen Jaguar F-Type. Er war stinksauer auf Walters, weil dieser seinem Sohn George-William trotz einer Eins in Mathe keine Hochbegabung attestieren wollte. Und dann ist da noch Mr. Sanders, er fährt einen Porsche Cayenne. Sein Sohn Carl-Zachary wurde letzten Dienstag nach dem Unterricht von Mr. Walters aufgefordert, die Tafel abzuwischen, was die Eltern als illegale Kinderarbeit und Verstoß gegen die Genfer Konventio..."

„Danke, Bill", unterbrach Carter seinen Kollegen, „Sie müssen nicht weiterreden. Ich weiß bereits, wer der Täter ist ..." Bill schaute überrascht.

Wie hatte Kommissar Jeff Carter herausgefunden, wer den Mathematiklehrer Walters auf dem Gewissen hat?

Die Täterin konnte nur Mrs. Goldsmith sein, denn sie war die einzige Frau unter den Verdächtigen. Kein Mann hätte jemals das Risiko in Kauf genommen, durch das Überfahren eines Menschen seinen teuren Premiumwagen zu beschädigen. Mrs. Goldsmith hingegen war dies völlig egal. Außer sich vor Wut über den indiskutablen Notendurchschnitt von Muriel-Ann überfuhr sie Walters mit ihrem Cabrio. Dann erwürgte sie ihn mit dem Gurt seiner Tasche – allerdings nicht, um auf Nummer sicher zu gehen, wie Carter vermutete, sondern um Walters dafür zu bestrafen, dass er eine hässliche No-name-Lederta- sche trug. Damit hatte er aus Sicht von Mrs. Gold- smith seine Vorbildfunktion gegenüber ihrer Tochter extrem vernachlässigt.

SÄTZE, DIE SIE (LEIDER) NIE HÖREN WERDEN ...

••• von **Ihrem Direktor**:

„ Natürlich habe ich die Arbeit bemerkt, die Sie in die AGs stecken, Herr Kollege. Und ich werde dafür sorgen, dass Ihr Engagement von allen gewürdigt wird – und wenn es das Letzte ist, was ich tue! "

••• von **einem Vater auf dem Elternsprechtag**:

„ Mein Sohn prügelt sich, stört dauernd und macht sich auch noch über Sie lustig? Ich bin mir meiner Verantwortung als Vater bewusst und werde dafür sorgen, dass das nie wieder vorkommt. "

••• von **einem Kollegen im Lehrerzimmer**:

„ Der Kaffee ist alle – aber ich überlasse Ihnen den letzten, Herr Kollege. Sie sehen ein wenig müde aus. Kein Wunder bei all der Arbeit, die Sie in die AGs stecken. "

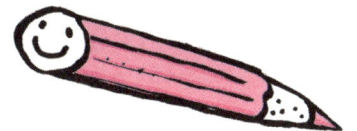

••• von einem Schüler:

> „Wir werden uns nicht über Sie lustig machen, nur weil Sie kleinwüchsig und fast kahl sind und eine Warze, einen Buckel und eine Stimme wie Verona Pooth haben. Für uns zählt nur Ihre Qualität als Lehrer und Mensch."

••• von einem anderen Schüler:

> „Wir haben die Handys schon selbst alle ausgeschaltet. Es wär uns einfach peinlich, wenn die klingeln und so den Unterricht stören würden."

••• von einem Ihrer Freunde (Kampfmittelräumer bei der Bundeswehr im Afghanistan-Einsatz):

> „So einen harten Job wie deinen würd ich nie durchstehen – körperlich nicht und nervlich schon gar nicht."

Dada für
MATHELEHRER

Gedicht über das Werk

99 LUFTBALLONS

von Nena

x gleich summe luftballons
x gleich der hypotenuse eines
rechtwinkligen dreiecks
zum quadrat mal vier minus eins
ankathete gleich drei
gegenkathete gleich vier
wie viele luftballons?

TAGEBUCH
VON JOHN KEATING

Der Film *Der Club der toten Dichter* porträtiert den großartigen, unkonventionellen Pädagogen John Keating. Indem er seinen Schülern die Liebe zum Leben und zur Poesie nahebringt, formt er sie zu reifen, erfüllten Persönlichkeiten. Wir fragen uns: Wie würde es Keating ergehen, wenn es ihn an eine Gesamtschule in einem deutschen Problemviertel verschlagen würde?

02. September:

Werde morgen zum ersten Mal eine Stunde in der neuen Schule geben – in der zehnten Klasse, die ich als Klassenlehrer übernommen habe. Kann es kaum erwarten, den jungen Menschen die Liebe zum Leben und zur Poesie nahezubringen. Ich werde sie eine Seite aus dem trockenen Lehrbuch herausreißen lassen – das ist eine sichere Methode, um ihnen zu zeigen, dass leeres Faktenwissen nichts zählt im Vergleich zur persönlichen Erfahrung.

03. September:

Muss mir eingestehen: Der Tag war ein kompletter Reinfall. Erst das Ausreißen der Buchseite – es stellte sich raus, dass die Schüler das schon selbst übernommen hatten, und zwar nicht nur eine Seite, sondern mehr oder weniger alle.

Danach forderte ich sie auf, sich auf die Pulte zu stellen, um die Welt aus einer anderen Perspektive wahrnehmen zu können. Ein Schüler namens Boris, der bei den anderen großen Respekt genießt und dem sie den Spitznamen „Kill-B. the Butcher" gegeben haben, war der einzige, der meinem Wunsch nachkam. Gerade als ich ihn loben wollte, grinste er auf mich herunter: „Ey, geil, Mann, ich kann dir voll auf deine hässliche Rübe spucken!" Und er ließ es sich nicht nehmen, die Richtigkeit seiner Bemerkung zu demonstrieren. Immerhin, alle haben gelacht. Und geht es nicht genau darum – das Leben in vollen Zügen zu genießen?

19. September:

Heute habe ich die Schüler in eine emotional ungeschützte Situation gebracht, um sie für die Welt der Poesie zu öffnen – jeder musste ein selbst verfasstes Gedicht vortragen. Boris meldete sich freiwillig mit dem Vers „Zicke zacke, Hühnerkacke". Alle lachten. Als ich ihn aufforderte, über seine Emotionen zu sprechen, schlug er auf mich ein, bis ich weinte. Nachträglich muss ich zugeben, dass ich nicht die Schüler, sondern mich selbst in eine emotional ungeschützte Situation gebracht hatte. Welch ein traumhaftes Beispiel für die unvorhersehbare Ironie des Lebens.

14. Oktober:

Ich stellte heute den Schülern frei, mich entweder mit meinem Namen anzusprechen, oder aber – nach dem wunderbaren Gedicht von Walt Whitman – mit den Worten „Oh Captain, mein Captain". Die Jungs und Mädchen nahmen den Vorschlag begeistert auf, änderten aber – auf Boris' Initiative hin – die Anrede in „Oh Kackarsch, mein Kackarsch". Das behielten sie sogar bei, als der Direktor hereinkam, der sich über den fröhlichen Lärm wunderte.

Der Blick, mit dem der Mann mich bedachte, kann nur als verächtlich bezeichnet werden. Trotzdem sollte ich zufrieden sein: Meine Schüler haben Kreativität und Eigeninitiative gezeigt, wie ich es sie gelehrt habe.

29. Oktober:

Heute ließ ich meine Schüler einen Ball über ein Fußballfeld schießen, während sie einen Gedichtvers rezitierten, um ihnen zu zeigen, dass Lyrik nicht nur dem staubigen Klassenzimmer vorbehalten ist.

Alle machten begeistert mit – vor allem, nachdem Boris herausgefunden hatte, dass die Übung viel mehr Freude bereitet, wenn man den Ball durch den

Kopf einer Autoritätsperson, zum Beispiel des anwesenden Lehrers, ersetzt. Man kann sagen, was man will: Boris' Einfallsreichtum ist einfach erstaunlich.

Heute die erste Stunde, seit ich aus dem Krankenhaus entlassen wurde. Ich wies drei der Mädchen zurecht, die ununterbrochen tratschten und Kurznachrichten mit ihren Handys verschickten. Es stellte sich allerdings heraus, dass ich damit eine Grenze überschritten hatte, denn die drei erklärten übereinstimmend, dass sie unter Boris' persönlichem Schutz stehen. Wieder einmal erstaunt mich Boris. Wer hätte einen solchen Gentleman hinter seinem rasierten Kopf und seinen für sein Alter enorm trainierten Muskeln vermutet?

Forschte heute genauer nach und stellte fest, dass mehrere der Mädchen überhaupt nicht zur Klasse gehören, genauer gesagt noch nicht mal in diese Schule. Sie erläuterten die Situation und gaben an, dass sie „für Boris laufen" und hier seien, damit er sie unter Kontrolle habe. Boris verweigerte eine Klarstellung. Als ich darauf bestand, schlug er mich, bis ich laut schrie. Ich denke, ich habe die Klasse mit dieser Zurschaustellung emotionaler Unmittelbarkeit

beeindrucken können. Wie sagt Whitman: „Ich brülle
mein barbarisches Johoo über die Dächer der Welt."

Heute diskutierte ich mit den Schülern über unser
neues Klassenmotto, das ich ausgegeben hatte, um
das Leben zu feiern: „Carpe diem." Boris bewies
einmal mehr seine einzigartige Kreativität, als er die
Worte in Nullkommanix umdichtete. Unser neues
Klassenmotto heißt nun also: „Kacke diem." Wieder
lachten alle. Mache mir doch ein wenig Sorgen über
die offensichtliche Fäkalfixierung meiner Schüler.

22. Dezember:

Heute Weihnachtsfeier in meiner zehnten Klasse.
Ich hatte vor, gemeinsam einige der schönsten
Gedichte des letzten Jahrhunderts zu lesen – Frost,
Cummings und Thoreau –, um so zu einer zwang-
losen Diskussion über die großen Fragen unserer
Existenz überzuleiten. Wie sich herausstellte, gab es
aber nur einen einzigen Programmpunkt: mich auf den
Tisch zu stellen und dann mit Kreide, Schwämmen
und Gedichtbänden zu bewerfen und die Szene mit
den Handys mitzufilmen, damit Boris sie auf seine
Facebook-Seite stellen kann.
Dabei bestätigte sich meine Theorie wieder einmal
auf wunderbare Weise: Auf dem Tisch stehend
gewinnt man eine ganz und gar neue Perspektive. Mir
zum Beispiel wurde jetzt klar: Ich habe keine Ahnung
von Pädagogik!

15. Januar:

Werde morgen zum ersten Mal eine Stunde in
der neuen Schule geben – der Militärakademie von
West Point. Kann es kaum erwarten, die jungen
Menschen hier zu Mitgliedern des US-Marine-Korps
zu drillen – durch unbedingten Gehorsam, gnadenlose
Disziplin und bedingungslose Unterwerfung unter
militärische Rituale. Fühle mich hier einfach
am richtigen Ort.

Sudoku

Sudoku ist eine beliebte Freizeitbeschäftigung, vor allem bei der Leserschaft der Wochenzeitung DIE ZEIT, die bekanntermaßen zu 95% aus Lehrern besteht. Die restlichen 5% sind Professoren. Zwar kann man in den ZEIT-Sudokus zwischen verschiedenen Schwierigkeitsstufen wählen, aber es wäre schön, wenn man den jeweiligen Spiellevel noch näher an die betreffende Zielgruppe heranbringen könnte.

3			2	4			6	
	4						5	3
1	8	9	6	3	5	4		
				8	2			
		7	4	9	6	8		1
8	9	3	1	5		6		4
		1	9	2		5		
2			3			7	4	
9	6		5			3		2

FÜR MATHELEHRER:

							1	
4								
	2							
				5		4		7
		8				3		
		1		9				
3			4			2		
	5		1					
			8		6			

die bereits das Stadium des Nirwana erreicht haben, oder Lehrer der Zauberschule Hogwarts, die das Fach „Hellsehen" unterrichten:

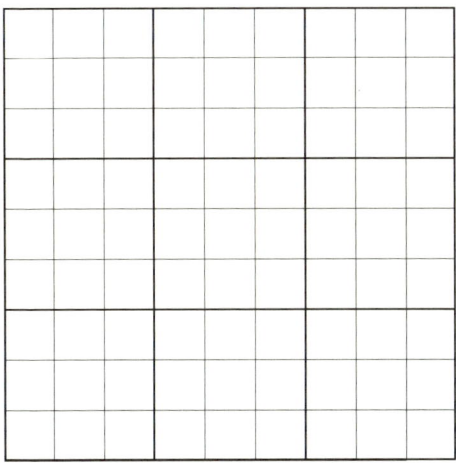

1	0		1	0		1		
	0	0	1		0		0	
0	1		0		1	1		1
1		1	1		1	0		0
		0		1	1	1		
0		1	1		0		1	0
1	0			1				1
		0			0	0		1
0			1		1		0	

Falls Sie Ihre Schüler auch für diesen fantastischen Denksport begeistern wollen, hier ein Sudoku

5	3		6	7	8	9	1	2
6	7	2	1	9	5	3		8
1	9	8	3		2	5	6	7
8	5	9	7	6	1		2	3
	2	6	8	5	3	7	9	1
7	1	3	9	2		8	5	6
9	6	1	5	3	7	2	8	
2	8	7		1	9	6	3	5
3		5	2	8	6	1	7	9

Kleiner Tipp – die gesuchten Zahlen liegen zwischen 3 und 5.

Falls dieses Sudoku zu schwierig sein sollte, versuchen Sie es mit diesem EINSTEIGER-SUDOKU (auch für Sportlehrer hervorragend geeignet):

5	9	8	2	1	3	6	7	4
1	4	7	5	6	8	3	2	9
2	3	6	9	7	4	8	1	5
7	6	2	1	4	8	9	3	8
8	5	4		9	2	1	6	7
3	1	9	7	8	6	4	5	2
6	8	5	4	3	7	2	9	1
4	2	1	6	5	9	7	8	3
9	7	3	8	2	1	5	4	6

BERÜHMTE PÄDAGOGEN
IM LICHTE DER
JAHRHUNDERTE

Wir Lehrer wissen es natürlich alle: Das Wort PÄDAGOGIK geht auf die griechischen Wörter *pais* (Knabe) und *ágein* (führen) zurück. Ein *paidagogos* im antiken Griechenland war also im wörtlichen Sinne ein Knabenführer. Es handelte sich dabei meist um einen Sklaven, der eine Gruppe von Knaben beaufsichtigte. Dies entspricht exakt dem heutigen Selbstbild deutscher Lehrer. In der Antike hatte der Pädagoge* die Aufgabe, ausgewählte Knaben den Philosophen zur Erziehung zuzuführen. Diese Tradition lebt bis heute in der katholischen Kirche fort. Dort haben einzelne Mitglieder der Pfarrgemeinde die Aufgabe, dem Priester ihre Knaben zuzuführen. Hier ein kurzer Überblick über die wichtigsten Pädagogen der Geistesgeschichte, neben Lehrer Lämpel:

---

* Im Gegensatz zu Pädagoge ist Lehrer kein geschützter Begriff. Grundsätzlich kann sich jeder Lehrer nennen, der in irgendeiner Form Wissen vermittelt. Oder auch nicht.

SOKRATES

oder wie wir Bildungsbürger salopp sagen: Σωκρατης (*469 v. Chr.). Der große Grieche entwickelte die philosophische Methode der Mäeutik, auch bekannt als Hebammenkunst. Sokrates fragte seinen Schülern so lange Löcher in den Bauch, bis diese entnervt aufgaben und so taten, als hätten sie den Vortrag des Lehrers verstanden. Heute ist diese Methode unter dem Begriff „Frontalunterricht" bekannt.

JEAN-JACQUES ROUSSEAU

(1712–1778), nicht zu verwechseln mit Jacques-Yves Cousteau, dem putzigen Meeresforscher mit der roten Wollmütze. Rousseau war ein französischsprachiger Philosoph und Pädagoge und darüber hinaus einer der Väter der Aufklärung – neben Oswalt Kolle und Beate Uhse. Er hatte großen Einfluss auf die Pädagogik in Europa. Seine Kernthese lautet: Das Kind soll sich von selbst entfalten, eine Einflussnahme der Eltern sollte möglichst vermieden werden. Dieses pädagogische Prinzip wird heute vor allem von Familien in sozialen Brennpunkten angewandt.

DON BOSCO

(1815–1888), von seinen Fans *der Pate* genannt, war ein italienischer Priester und nebenbei der Erfinder des Don-Boskop-Apfels. Er glaubte, dass Kinder vor allem etwas lernen, wenn sie die Strukturen in der Gesellschaft erkennen. Zum Beispiel, dass die Priester die Macht haben und die Messdiener nicht.

FRIEDRICH WILHELM VON HUMBOLDT

(1767–1835), kurz: Fritz Willi, war der Mitgründer der heutigen Humboldt Universität. Fritz Willi war für seinen ausgelassenen Humor bekannt, weshalb man im 19. Jahrhundert über besonders lustige Männer sagte: „Er ist ein alter Humboldt." Aber Fritz Willi hatte auch zukunftsweisende Visionen. Sein Bildungsideal sah bereits ein dreistufiges Schulsystem vor, was bedeutet: Fritz Willi hat uns Lehrern die fiese Bildungssuppe eingebrockt, die wir heute auslöffeln müssen.

RUDOLF STEINER

(1861–1925), nach einer großen Bandscheibenoperation im Jahr 1918 auch *Steiner, das eiserne Kreuz* genannt, leidet heute imagemäßig vor allem unter

zwei Dingen: Er war Österreicher und der Begründer der Waldorfpädagogik. Diese fußt bekanntermaßen darauf, Gedichtvorträge durch möglichst alberne Bewegungen zu stören (Eurhythmie), und daneben an Gott, die Wiedergeburt und vor allem an Rudolf Steiner zu glauben. Erfolg bei Pädagogen hatte Steiner im Prinzip nur wegen eines einzigen Satzes: „Wir sind eigentlich als Lehrer und Erzieher nur die Umgebung des sich selbst erziehenden Kindes." Dieser Satz formulierte den Traum aller Lehrer: Die Kinder erziehen sich selbst, und ich kriege weiter A 13.

MARIA MONTESSORI

(1870–1952), italienische Ärztin und Reformpädagogin, entwickelte die Montessoripädagogik. Deren Leitspruch lautet: „Hilf mir, es selbst zu tun!" Ein Satz, den angeblich viele Jahrzehnte später auch der Jurastudent Karl Theodor zu Guttenberg gegenüber seinem Doktorvater äußerte.

HARTMUT VON HENTIG

(*1925), ebenfalls einflussreicher Reformpädagoge, wird als langjähriger Mentor einer bekannten Reformschule auch der *Odenwaldschrat* genannt. Von ihm können wir lernen, dass Pädagogik und Pädophilie sich nicht zwingend ausschließen.

BERNHARD BUEB

(*1938) läutete als Leiter des Internats in Salem (Baden-Württemberg) das Revival der Disziplin in der deutschen Pädagogik ein. Aufgrund einer skurrilen Eigenart, nämlich zusammen mit seinen Zöglingen lustige Streiche auszuhecken (z. B. Klingelmännchen an der Internatspforte), trägt er wechselweise die Spitznamen *Lausbueb* oder *Spitzbueb*.

KATHARINA SAALFRANK

(*1971), alias *Die Supernanny*, ist Diplom-Pädagogin und TV-Star. 2005 erhielt sie einen Preis „für die Verletzung der Würde von Kindern durch Vorführen in Extremsituationen". Der zuständige Sender RTL bekam kurz darauf einen Preis „für die Verletzung der Würde seiner Zuschauer durch Vorführen dieser Sendung".

Letzte Worte

Im Ernst, Herr Kollege: Wenn das möglich wäre, dass die Blagen den Scheiß, den ich heute Morgen im Unterricht verzapft habe, mitfilmen und in dieses Internet stellen ... Mann, ich würde mich auf der Stelle erschießen!

(ANONYMER LEHRER, 2009)

— — —

Ich habe als einfacher Lehrer mexikanische Drogenkartelle und die Mafia ausgetrickst. Und ich war cleverer als die Polizei und das FBI. Da werde ich ja wohl noch so eine einfache Verpuffungsreaktion hinkriegen, die ---

(CHEMIELEHRER WALTER WHITE, BEKANNT AUS DER SERIE „BREAKING BAD", 2013)

— — —

Hallo, ich bin euer neuer Sozialkundelehrer. Ich dachte, heute reden wir mal über ein ganz spannendes Thema, und zwar die Gleichberechtigung der Frau ...

(AHMED KHALILI, REFERENDAR AN DER MOTASSADEQ-TALIBANSCHULE IN DER HINDUKUSCH-REGION, 2010)

— — —

Hallo, ich bin der neue Sozialkundelehrer. Ich dachte, heute reden wir mal über ein ganz spannendes Thema, und zwar die Gleichberechtigung von Bürgern arabischer Herkunft ...

(NORMAN ARMBRUSTER, REFERENDAR AN DER CIA-AKADEMIE, QUANTICO 2010)

*Yoda dir alles beigebracht hat, junger Annakin.
Aber du ihn nie bezwingen wirst mit dem
Laserschwert - komm, greife an mal mich!*

(YODA, LEHRMEISTER VON ANNAKIN SKYWALKER,
BEKANNT AUS „KRIEG DER STERNE")

— — —

*Immer nur auf Tische steigen ist nicht kreativ.
Warum nicht mal was anderes, zum Beispiel dieses
ungesicherte Baugerüst? Ich mache es mal vor ...*

(JOHN KEATING, BEKANNT AUS
„CLUB DER TOTEN DICHTER")

— — —

*Also, wat issene Maschinenpistol? Da stelle mer uns
janz dumm, und da sage mer so: Ein Maschinenpistol,
dat is ein jroßet schwarzet Dingens, dat hat vorne
e Loch und hinten keins, sondern so nen Abzug ...
Pfeiffer, ziehnse doch mal dran ---*

(GYMNASIALPROFESSOR BÖMMEL, BEKANNT
AUS „DIE FEUERZANGENBOWLE", 1944)

— — —

*So ein Quatsch, Platon – wenn Schierling giftig wär',
hätt' ich das Zeug doch nie getrunken.*

(SOKRATES, DER LEHRER VON PLATON, 399 V. CHR.)

BLICK IN DIE ZUKUNFT

EINE REPORTAGE AUS DEM JAHRE 2100

Auf dem Schulhof der integrierten Montessori Gesamtwaldorfschule „Klaus Wowereit-Westerwelle" in Berlin Charlottenburg herrscht gespenstische Stille. Es ist 11 Uhr 23, die große Pause ist bald zu Ende. Ungefähr 25 Lehrer stehen in einer Ecke des Schulhofs zusammen. Einige essen. Andere ziehen sich kurz in die Pillen-Ecke des Schulhofs zurück, um sich eine Nikotinpille zu genehmigen. Plötzlich kommt Bewegung in die Menge. Die Tür zum WC öffnet sich und drei Schüler betreten den Schulhof. Augenblicklich stürmen die Lehrer johlend auf die Schüler zu und umlagern sie. Der extrem starke Geburtenrückgang im ausgehenden 21. Jahrhundert wird auch hier, in der einzigen Schule Berlins, immer deutlicher sichtbar. Dazu Lehrer Wolfgang B.: „Im Augenblick haben wir pro Klasse ungefähr 15 Lehrer. Das ist natürlich ein Skandal. Eigentlich müssten es 20 sein! Vor allem bei dem, was das Bildungsministerium ab nächstem Jahr plant."

Wolfgang B. spricht hier das Vorhaben des Ministeriums für Bildung, Gesundheit, Verkehr, Verteidigung und Diäten an, ab dem Sommersemester 2101 das 5-Jahres-Abitur einzuführen. Eine nicht nur von

Lehrern stark kritisierte Bildungsreform, wie das Statement von Schüler und Klassenprimus Theophenes Balthasar M. erahnen lässt: „Kriegst du nicht alles in scheiß Birne geprügelt! Politiker sind alle scheiß Opfer!"

Es klingelt. Ein Blick auf den Stundenplan sagt, dass in dieser Stunde Biologie unterrichtet wird. Gleichzeitig mit Chemie, Geschichte, Deutsch, Denglisch, Latein, Chinesisch, Mathematik, Informatik, Erdkunde, Marskunde, Atheismus, Politik, Familienplanung, Betriebswirtschaft und Kochen. Theophenes Balthasar M. stöhnt: „Kriegst du nicht alles in scheiß Birne geprügelt! Trotz scheiß Rotationsunterricht! Politiker sind alle scheiß Opfer!"

Der Rotationsunterricht, bei dem ein Schüler simultan von 15 Lehrern in verschiedenen Fächern unterrichtet wird und der 2085 noch unter Altbundeskanzlerin Kristina Schröder-Brüderle zusammen mit dem 7-Jahres-Abitur eingeführt wurde, findet auch bei den Lehrern nicht nur Zuspruch. Wolfgang B.: „Wir stehen halt mit 15 Kollegen um den Schüler herum. Jeder hat eine Minute Zeit, sein Fach zu unterrichten, dann wird der Stuhl, auf dem der Schüler sitzt, weitergedreht und der nächste Kollege ist dran mit seinem Fach. Klar ... das ist der Tribut an die verkürzte Schulzeit und die enorme Fächervielfalt. Aber: Wie wollen Sie denn da in die Tiefe gehen?" Das denkt auch Theophenes Balthasar M.: „Kriegst du nicht alles in scheiß Birne geprügelt! Politiker sind alle scheiß Opfer! Rotationsunterricht ist scheiße!"

Bildungsminister Etienne Westerwelle sieht das anders: „Der Rotationsunterricht hat sich bewährt. Immerhin haben in der BRD im letzten Jahr 768 Schüler die Hochschulreife erlangt. Das ist eine Erfolgsquote von 93 Prozent und katapultiert Deutschland an die Spitze der PISA-Studie, noch vor den Vereinigten Staaten von China."

Nach zwei Schulstunden ertönt das erlösende Klingelzeichen. Lehrer und Schüler begeben sich in die Pause, um die nötige Energie zu tanken für den folgenden Nachmittags-, Abend-, und Nachtunterricht. Der ungeheure Leistungsdruck stellt natürlich eine enorme Belastung dar für die Lehrer – mit entsprechenden Folgen. Wolfgang B.: „Die meisten von uns sind schon mit 63 völlig ausgebrannt und lassen sich pensionieren. Mit 63! Also 17 Jahre vor Erreichen des gesetzlichen Rentenalters!"

Theophenes Balthasar hat indes andere Probleme. Der 13-Jährige weiß nicht, was er im nächsten Jahr nach seinem Abitur studieren soll. Dabei würde ihn bei seinem momentanen Notendurchschnitt von 1,0 jede Universität mit offenen Armen aufnehmen. Doch Theophenes Balthasar wägt noch sorgfältig ab: „Uni ist scheiße. Kriegst du nicht in scheiß Birne geprügelt! Profs sind alle Opfer!"

Wer weiß? Vielleicht studiert er ja auf Lehramt.

Ihr Interesse an Pädagogik wurde den Autoren bereits in ihrer eigenen Schulzeit eingeprügelt. So verwundert es nicht, dass alle drei später selbst den Beruf des Lehrers ergriffen, um auch mal hauen zu können. Doch leider ohne Erfolg. An den Schulen wurde zwar weiterhin geschlagen, nur hauten die Schüler jetzt die Lehrer. Trotzdem oder gerade weil sie diese Erfahrung machen mussten, entwickelten sich die Autoren in den Folgejahren zu den einflussreichsten Pädagogen, die Deutschland zu bieten hat. Man könnte auch sagen: Sie waren die einzigen, die nicht resigniert das Handtuch warfen.

Aus ihrer Feder stammen die aus dem heutigen Schulbetrieb nicht mehr wegzudenkenden und lange überfälligen Werke „Lexikon der natürlichen Zahlen von eins bis unendlich", „Die Geschichte der Welt auf einer Seite" und das Grundschulstandardwerk „Schreiben nach Zahlen".

Zudem gründeten sie 1978 auf Galapagos die erste Waldorfschule für Schnappschildkröten mit Schwerpunkt Musical und Tabledance, unterrichteten am Orinoco die Yanomami-Indianer in der Kunst des lautlosen Tötens mittels eines stieren Blickes und revolutionierten die deutsche Grammatik durch das ersatzlose Streichen vom Genitiv.

ISBN 978-3-8303-4329-5

ISBN 978-3-8303-4336-3

ISBN 978-3-8303-4413-1

ISBN 978-3-8303-4386-8

ISBN 978-3-8303-4360-8

ISBN 978-3-8303-4432-2

▮▮▮ TEXTE ▮▮▮▮▮▮▮▮▮▮▮

PETER GITZINGER, LINUS HÖKE und
ROGER SCHMELZER sind seit vielen Jahren als
Autoren für zahlreiche Kabarett- und Comedyshows im
deutschen Fernsehen tätig. Neben Drehbüchern verfassen
sie Theaterstücke und erarbeiten Bühnenprogramme für
etablierte Kabaretthäuser und Comedians. Linus Höke ist
zudem der Verfasser des Bestsellers *Shades of hä?*. Alle drei
Autoren leben in und um Köln herum.

▮▮▮ ILLUSTRATIONEN ▮▮▮

ARI PLIKAT, geboren 1958 in Lüdenscheid. Lebt
in Dortmund, zeichnet Illustrationen, Cartoons und
komische Bilder, die in vielen Zeitungen und Zeitschriften
zu sehen sind. Bei Lappan ist zuletzt sein Buch *Ich rieche
Angstschweiß* erschienen.
www.ariplikat.de

5. Auflage 2019
© Lappan Verlag in der Carlsen Verlag GmbH,
Oldenburg/Hamburg 2014

ISBN 978-3-8303-4315-8

Alle Rechte vorbehalten. Das Werk darf – auch teilweise –
nur mit Genehmigung des Verlages wiedergegeben werden.

Lektorat: Carolin Stanneck | Hans Borghorst

Herstellung | Gestaltung: Monika Swirski

Druck und Bindung: Christian Theiss GmbH

Printed in Austria

Triff uns auf facebook.com/Lappan Verlag
und auf instagram.com/lappanverlag
www.lappan.de